산으로 가는 길

산으로 가는 길

시와사람 서정시선 078

윤석진 시집

시와사람

| 自序 |

언어는 감정이 없다. 다만 자신을 사용하는 사람의 감정을 피동적으로 드러낼 뿐이다. 지금껏 내 시에 사용된 많은 언어들이 독기와 분노를 표출하고 있었다. 그것은 내가 인식한 현실적 否定性을 날것 그대로 시로 형상화했기 때문일 것이다.

항상 나는 냉정한 객관으로 사회적 현실을 인식하고자 노력했다. 그것을 통해 획득한 긍정성은 당위의 차원에서 수용했다. 반면에 부정성은 일말의 지향성도 발견할 수 없는 반드시 지양해야 할 것으로 보았다. 따라서 나는 상대적으로 後者를 더 주목했고, 내 시적 언어들의 거친 감정 표출은 어쩌면 당연한 것이었다.

나는 내 언어들이 독기와 분노가 아닌 환희와 희망을 노래할 수 있기를 바란다. 그러나 나는 현실의 부정성이 갈수록 더 은밀하게, 더 치밀하게, 더 악랄하게 작동하는 것을 본다. 그럼에도 불구하고 나는 세상이 바뀔 것을 믿는다, 그것은 내 시어들의 마지막 꿈이므로.

2022년 3월 윤석진

산으로 가는 길
차례

2부

3부

4부

1부

다람쥐

단풍이 세상을 태우는
어느 늦가을 오후

타래난초 꽃처럼
산허리 기어오르는 아스팔트
섬뜩한 스키드마크 속
다람쥐 한 마리 누워 있다
마른 오징어처럼

언젠가 본 적이 있다
어느 등산로에서
나무를 오르던 날렵한 몸매
초롱초롱한 눈망울

검붉은 피가 엉긴
송곳니들 꽉 물고 있다
도토리 하나를

오래된 평화

낙타나 고양이가 숙주라는
신종 병원체가 창궐한 뒤
산을 찾는 사람들이 뜸해졌다
사람의 독에 중독된
괴사한 산 곳곳
어디선가 날아온 씨앗들
고운 싹을 틔워 치료를 시작하고
눈살 찌푸리게 하던
갖가지 쓰레기가 줄어들고
사람에게 쫓겨 도망쳤던
온갖 새와 짐승이 되돌아왔다
생쥐 깜냥도 안 되는데
호랑이 흉내를 내는
만물의 영장이라고 애써 우겨대는
산에서 인간이 사라졌다
산에 평화가 왔다

삶의 풍경

바람이 분다
계절에 따라 바람은
방향을 바꾼다

바람의 방향은
세상의 풍경을 바꾼다
꽃 피고 눈 오고

누군 겨울이 길고
누군 봄이 길고

삶의 풍경은
사람에 따라 달라진다
똑같은 세상에서

월평 선창에서

—강구현 형에게

몸서리치며 감당해온 날들
저녁 그림자로 엎드린 월평 선창가
홀로 속울음 우는 사내여

엉클어진 한삼덩굴 같은 삶
괴로움도 즐거움도
저 모래톱에 찍히고 지워지는
물새 발자국 같은 한때의 유감일 뿐이지
지나면 별것 아니라네

활공하던 물새들도 사라졌는데
갈꽃처럼 머리칼 흩날리며
소금기 절은 검붉은 얼굴로 담배연기를
한숨처럼 내뱉는 사내여

세상을 산다는 것은
그냥저냥 죽을힘을 다하는 거지
빈 웃음과 함묵으로 말하며
선창에 묶여 흔들리는 저 작은 배처럼
시나브로 낡아가는 거지

거리

너무 가깝지 않도록
너무 멀지 않도록

세상 뭇 생명들
서로 거리를 두고

그것을 지킬 때
서로의 존재를 인정하고
존중하는 것

생명들 사이의 거리
함께 사는 방법

만남에 대하여

살아 있는 동안 우리
몇 번이나 얼굴을 볼 수 있을까
두어 달 만에 만나
저녁과 술을 함께 해결할 때
불쑥 오랜 벗이 말했다
쓸쓸하게 웃으며
그 순간 지난 반백년의 세월
주마등처럼 스쳐갔다
함께 보냈던 철없던 시절
가정을 꾸리고 서로 다른 일하고
허겁지겁 살았던 시간들
녹록하지 않은 세상을 건너오며
이런저런 핑계가 늘어났지
육갑을 넘겨 살고 나니
갈수록 우리 외로워지는데
맘 편하게 밥이나 술을 먹을 있는
그 즐거움을 잊고 있었구나
미안하다 벗이여

봄날이 간다

찢긴 현수막 뒹굴고
굳게 잠긴 대합실
답답한 적막만 흐릅디다

많은 약속을 남겼지
지켜진 것은 없어

驛舍 한쪽 모퉁이
그리움처럼 피어난 영산홍
속절없이 시들어가고

사람에 虛飢졌습디다
장항선 끊긴 그곳

배추

김장철 한창인 고향
들에 나갔더니
올핸 김장거리가 풍년이라
배추들이 버려져 있다

도시에 가져가면
돈을 살 수 있을 것인데
버려야 이익이라네

며칠 후 나는 보았다
말바우시장 노점
버려졌던 것보다 못한 배추들
당당하게 팔리는 것을

어디선 부족해 아쉽고
어디선 남아 버리고

다시 우리는 만났다

졸업한 지 삼십 년 넘어 어렵게 연락된 몇몇이 동창이란 이름으로 만났다. 자리한 서넛은 길에서 스치면 못 알아볼 것 같았다. 오래 미뤄 두었던 자잘한 가정사와 근황을, 자리를 채우지 못한 몇의 떠도는 안부도 주고받았다. 선생, 교수, 요리사, 자영업자, 농부, 공무원, 의사……. 순백의 畵紙에 제각각 그렸던 꿈을 품고 두릅나무 포자처럼 천지사방으로 흩날려갔지. 꿈이야 이루면 좋지만 이루지 못해도 괜찮아. 세상의 어떤 삶도 고통 반 즐거움 반이니까. 그렇게 우리는 곳곳에서 자기 자리를 찾아 세상의 한 부분이 되어 살아가고 있었다. 자리하지 못한 이름도 얼굴도 기억나지 않은 그들도 응당 그럴 것이었다.

사랑

삼십여 년 전 그때를
되새김질할 때면
여전히 마음이 짠하다

어긋난 인연이라고
치부하는 것은
흘러간 시간의 처방인가

그때나 지금이나
궁금한 하나

우린 정말 사랑했을까
글쎄 글쎄 글쎄

민들레

정처 없이 떠돌던
귀한 생명 하나

뿌리를 박았구나
후미진 골목 가장자리
깨진 아스콘 틈

성냥개비 같은 잎들
새끼손톱만한 꽃을 피웠다
누가 보거나 말거나

발걸음 붙잡아 세우는
사는 것의 무서움

상록수를 지나며

차창 밖에 상록수가 서 있다
아련한 기억의 한때
볼우물이 깊은 한 여자가 있었고
한 남자는 마음을 설렜지

마음은 변덕스러운 무지개
초콜릿의 시간은 짧았다
통증의 등허리를 흘러내리던 눈물
시나브로 말라갔지만
그 남자가 가꾸는 마음의 밭
작은 풀꽃 한 송이도 키우지 못했다
오래 오랫동안

빠르게 상록수가 지나갔다
흐드러진 복사꽃 시절
서로 길들였던 한 남자와 한 여자
이제 그들은 세상에 없다

예정된 미래

무시로 보던 얼굴
언제부턴가 전화로 바꾸고
다시 문자로 바꾸고

눈에서 멀어지고
점점 마음도 멀어지고
마침내 잊는다

망각이 드리운 그늘
선팅처럼 관심을 차단하고
한껏 자유를 얻는다

머지않아 올 것이다,
개나 고양이를 쓰다듬으며
홀로 TV를 볼 날

헛꽃

사과꽃이 지고 결실 끝난 뒤 작황을 보러 갔더니 여기저기 새로 핀 꽃이 보인다. 보통 꽃보다 서너 배는 크고, 꽃 색깔도 훨씬 아름다운 雪白의 헛꽃이다. 벌써 사과가 콩알만큼 자랐는데, 벌들이 다른 꽃을 찾아간 지가 언제인데, 이제 와서 벌들을 부르겠다고? 피식 헛웃음이 나온다. 한동안 그 헛똑똑이를 바라보고 있으니, 문득 가뭇없이 흘러간 내 시간들이 탱자나무 가시가 되어 온몸을 찔러댄다.

사과

사과 한 알이 소비자들
눈에 들기 위해선
적으면 하나나 둘 많게는 다섯
형제의 희생이 필요하다
쪽가위의 서슬 피한
아주 운 좋은 하나가 독식한다
同腹 형제의 몫인 양분을
그들의 희생은
본인의 의지가 아니고
살아남은 자의 욕망도 아니다
손바닥에 손오공을 올려놓은 부처 같은
사람의 자의적 계산이 부른
필연적인 참사다
살아남아 지극한 보살핌 속에 자란
늦가을 따가운 햇살에 익어가는
탐스런 사과를 보면
핏줄도 효율의 지배를 받는
人世의 비극도 보인다

사과나무의 꽃눈은 최대 여섯 송이의 꽃을 피운다. 각각의 꽃은 사과를 맺을 수 있다. 따라서 하나의 꽃눈은 최대 여섯 개의 사과가 된다.

하나의 꽃눈에 둘 이상의 사과를 키우면 양분이 분산되어 크게 자라지 않기 때문에 상품가치가 없어진다. 그래서 사람들은 하나만 두고 나머지를 제거한다.

삶에 대한 예의

사람이 살아가며
밥벌이 할 수 있는 일은
萬 가지도 넘는다

사람들이 꺼리는
일로 밥을 벌기도 한다
어느 누군가는

그런 삶들은
그대가 가진 자로 재면
하찮을 수 있다

그래도 고개 숙여라
공손하게
그 사람을 향해

2부

황혼 속에서

믿을 수 없는 친구는
적보다 무섭다

핏줄보다 믿었는데
수많은 세월을 내팽개치고
등에 비수를 꽂는다
변명 한마디 없이

풍진 속을 걷다 보면
친구가 적이 되고
적도 친구가 될 수 있다
씨부렁거리는 매끄러운 혓바닥들
확 뽑아버리고 싶다

친구들은 날 믿고 있을까
개인지 늑대인지
분간할 수 없는 세상

선거철

요즘 정치판을 보면
최고의 야바위꾼 선발 대회를
보고 있는 것만 같다

누가 더 개소릴 잘하나
누가 더 국민을 잘 속이나

일류 배우를 뺨치는
명대사와 연기를 선보이며
관객을 유혹한다

대통령도 될 수 있겠구나
야바위만 잘하면

중독자들

무엇인가를 맹신하는 자들
개소리를 부모 신주 모시듯 하고
미친 듯 들끓는 혈기로
선불 맞은 멧돼지처럼 날뛴다
생각이 죽은 행동이 죽은
그것이 똘마니 노릇인 줄도 모르고
거짓 박수갈채에 우쭐거리며
제 흥에 취해 살아간다
무엇인가를 광신하는 자들
가을 들녘의 허수아비를
십자가에 못 박힌 예수라 해도 믿고
누군가가 제 맘에 안 들면
다짜고짜 빨갱이 타령하며 설친다
국가와 국민을 위하는 사람은
나라 안에 오직 저뿐인 양
환각 속에서 허우적거리며 살아간다
LSD에 취해 맛이 간 놈처럼

어떤 화가

한평생 틀에 박힌 그림을
그려왔던 화가는
고양이를 보고 호랑이를
황조롱이를 보고 독수리를 그렸다
그것은 제 머릿속의 계산
가끔 그림은
관람객 입맛에 따라
가치가 달라지기도 하는 것
누구는 희대의 명화라 나발을 불고
또 누구는 엉터리라고 했다
떠드는 것은 그들의 자유
어떤 입방아를 찧든지 말든지
그는 셈속을 고집했다
어느 봄날 홀연 그가 붓을 꺾었을 때
사람들은 보았다
화가를 사칭했던 사기꾼을

말[言]

언제부턴가 말이 가벼워졌다
가을 짐승의 솜털보다
본래 말은 무게가 없지만
자신을 짓는 자를 통해 무게를 얻고
그에게 품위를 부여한다
천박한 놈들이 국회의원을 하니
모든 정치가 가벼워졌다
천박한 놈들이 기자를 하니
모든 기사가 가벼워졌다
천박한 놈들이 검사와 판사를 하니
모든 판결이 가벼워쳤다
온갖 천박한 놈들이 활보한다
우리를 감싼 공기 같은
가벼운 말들의 세상에서 나는
태연한 내가 두렵다

담양에서

누군가의 가슴에 박혀
피를 흘리는 죽창이 되지 말고
누군가의 마음을 열어주는
감미로운 피리가 되어라
드러난 감춰진 반목의 진흙탕에 빠져
피로골절에 시달리는 세상
끝장낼 것은 창과 피리
싸움은 피와 죽음을 부르고
노래는 화해와 평화를 불러온다
창도 피리도 되는 대나무여
너는 피리가 되어라
들끓는 분노를 잠재우는
진득거리는 슬픔을 가라앉히는
한껏 즐거움을 키우는
편애 없이 누구나 따뜻하게 감싸는
봄바람 같은 노래가 되어라
이 세상 어디나 들리는

우리의 阿Q 1

우리가 철부지였을 때 우리에게 밥 주지 말자고 게거품 물었던 놈에게 ㅏ을 주었다, 홧김에 서방질한다고. 물론 그놈을 좋아하진 않는다. 말이야 바른 말이지, 이놈이나 저놈이나 피장파장 아니냐? 아예 우린 안중에 없는 지들 밥그릇 싸움일 뿐. 언놈이 당선되어도 우리 처지는 똑같아. 그럴 바엔 뒷구멍으로 호박씨 까는 놈에게 뒤통수 깨지는 것보다 대놓고 개차반 노릇하는 놈에게 눈탱이 맞는 것이 덜 아프지. 그럴 수도 있는 놈이었다고 치부하면 되니까.

우리의 阿Q 2

나는 원하는 것만 보고 듣고 믿지. 의심이나 물증 확인은 귀찮다. 아궁이에 불을 지피지 않았는데 굴뚝에서 연기가 날 리 없잖아? 설령 나중에 그것들이 사실 왜곡이나 거짓이나 개소리로 밝혀져도, 나는 내 믿음을 바꿀 생각이 없어. 내가 믿는 것은 나에게 모두 사실이고 진실이니까. 내가 누군가의 꼭두각시라고 해도 신경 안 써. 내 인생 내가 사는 건데 남의 눈치를 볼 필요가 없지. 어떤 놈이 뭔 소리를 씨부렁거려도 나는 내 꼴리는 대로 살 거야!

우리의 阿Q 3

그냥 싫다. 세상사가 술술 잘 풀리는, 나보다 능력 좋은, 소위 잘 나가는 놈들을 보면. 물론 그놈들이 내 몫을 가로챈 적 없지. 그래도 그놈들을 보면 괜히 배알이 뒤틀려. 내가 꿈꾸는 일들이 뜻대로 되지 않는 것은 왠지 그놈들 탓인 것 같기만 해. 이런 내 마음을 하늘도 아는지, 가물에 콩 나듯 그놈들도 시궁창에 빠진 생쥐 꼴이 될 때가 있지. 그럴 때면 네거리에서 만세삼창이라도 하고 싶다. 무조건 그놈들이 싫다, 물론 公私 어떤 이해관계가 얽힌 적도 없다. 싫은 것에 꼭 이유가 있어야 하나?

우리의 阿Q 4

별것 아니야, 나한테 유리하면 공정이고, 불리하면 불공정이야. 툭 까놓고 말해서 세상에 공정한 것이 어디 있어? 공정하다, 불공정하다는 내 마음이 정하는 거야. 다른 놈들 눈치를 볼 필요 없지. 내 태도가 지극히 선택적이고 자의적이라 공정하지 않다고? 그래 늬들은 뭐가 그리 공정한데? 나는 내 이익에 충실할 뿐이야. 늬들은 내가 맘에 안 들지, 나도 늬들이 맘에 안 들어. 서로 피곤하게 따따부따할 것 없이 나대로 늬들대로 공정하면 돼.

개소리

개 짖는 소리가 아니다
멀쩡한 놈들이 씨부렁거리는
사실도 거짓도 진실도
그 무엇도 아닌
지어낸 딱 속기 좋은
따져보면 앞뒤 안 맞는 헛소리다
국회 검찰청 법원 신문사
방송국 교회 유튜브 대학 트위터
그늘지고 냄새나는 곳곳마다
바퀴벌레처럼 서식하는
惡疾 걸린 사기꾼들이 내뱉는
색깔도 냄새도 형체도 없는
어떤 전염병보다 빠르게 전염시키는
제 세상 만난 온갖 개소리들
창궐하는 우리 세상
우레 같은 박수갈채로 화답하는
愚衆들도 늘어나고 있다

어떤 죽음

한 사람이 죽었다
기나 고동이나
들개 떼처럼 달려들고
물어뜯었다 그를
불공대천의 원수를 징벌하듯
아무런 진실도 없는
어떤 끝도 없는
폭풍우 같은 광란 끝나고
세상은 조용해졌다
사람들이 본 유일한 것
한 사람이 죽었다

뉴스

투명인간 취급 받으며 살다
죽어서야 처음으로 존재를 인정받은
한 노동자의 부고를 본다
제목으로 내용을 짐작할 수 있는
짜증나는 이런 類의 기사
이미 수십 수백 번 보았다
늘 그래왔듯 일련의 수순을 따라
그물을 빠져나가지 못한
송사리 몇을 치죄하는 것으로
人災는 끝날 것이다
나발의 핏대를 올리던 방송과 신문들
태산이라도 무너뜨릴 듯
분노하던 단체들과 열혈 시민들
곧 입에 지퍼를 채우고
옷의 얼룩을 빼듯 사람들은
말끔하게 불편한 기억을 지우리라
망각 속에 허우적대는 세상
얼마 못 가서 어디선가
주름 잘 잡힌 옷에 흙탕물을 끼얹듯

또 사고가 터진다
도대체 무엇이 잘못되었는가

상식

사실이 아니다
진실도 아니다

합리적 의심
어쩌고저쩌고 하는
개자식들

날벼락 맞아라

오랜 의문

정치 政 字도 모르는
판검사 투기꾼 기자 기업가 교수
무슨 전문가를 자처하는 자들
어찌 어찌하여
세상에 쪽이 좀 팔리면
하던 일 헌신짝처럼 내팽개치고
지가 무슨 臥龍 鳳雛라고
비장하게 출사표를 내던지며
개새끼나 돼지새끼나
정치판에 뛰어들고
염불보다 시줏돈을 탐내고
천방지축 날뛰는 협잡꾼이 된다
깜냥 못되는 것들
왜 정치를 하려고 하는가
단순한 출세욕일까
봉건적 인습 때문일까

절규

포기할 것 다 포기한
포기하면 안 될 것까지 포기한
희망 이상 미래 이런 말은
아예 등재되지 않은 삶
인생은 한 방이다
어느 도박꾼 어록을 따라
부동산 주식 가상화폐 펀드
가진 것 탈탈 털고
빚까지 내 투자했더니
늘 소 닭 보듯 하던
차고 넘치게 가진 사회적 좀비족
당신은 타박하십니다그려
인생은 도박이 아니다
그럼 뭘 어떻게 하라고요
정말 좆같네

사회적 좀비족 ― 한 사회 내부에 서식하는 상위 기득권 세력으로 세대교체를 거부하며, 시대적 대세를 재대로 파악하지 못하고 구태를 반복 또는 확대 재생산함으로써 사회적 역동성을 약화시켜 그 사회를 정체 또는 퇴행시키는 사회악적 모습을 보여준다.

가면

늑대가 틀림없다
어설프게 양을 흉내 내고 있는
저놈의 가면을 벗겨라
정의로운 척 선한 척하지만
한순간이라도 방심하면
즉시 칼날 같은 이빨을 드러내고
으르렁거리며 달려들 것이다
우리의 목을 노리고
아무리 양을 잘 흉내 내도
늑대가 양일 수는 없지
어떤 최첨단 의술도 불가능하지
늑대를 양으로 바꾸는 것은
지금껏 그렇게 속고 속았는데
또 속을 것인가
진짜보다 더 진짜 같은
가짜가 활보하는 세상, 사람들이여
저놈의 진면목을 폭로하라
늑대가 틀림없다

3부

산으로 가는 길

산은 싸움터로 가는 門이다. 산은 외로움과 굶주림과 추위로 사람을 수련시키는 도장이다. 그런데 사람들은 산에 들어 무릉도원만 찾고, 길은 그들을 데리고 돌고 돌아 閭閻으로 돌아온다. 그것은 산이 아니라 여염에 있으므로. 왜 그들은 그것을 몰랐을까? 무릉도원은 세상의 불의와 싸우고 이겨서 스스로 만드는 것. 그것을 알았던 옛사람들은 싸울 결심이 서면 산으로 갔다. 산에서 내려오면 자신의 모든 것을 걸고 싸웠다, 도사도 승려도 선비도 백성도. 날마다 산으로 가는 길이 사람들로 붐빈다. 저들은 몇 명이나 무릉도원을 만날 수 있을까.

개 키우는 여자

그녀는 개를 키운단다
보살펴주는 사람을
미워하지도 배신하지도 않고
받은 것보다 더 많은
사랑을 준다
믿을 사람 하나 없어도
사랑할 사람이 없어도
전혀 외롭지 않다
개는 나에게 그냥 개가 아니라
어떤 땐 애인이 되고
어떤 땐 자식이다
문까지 따라 나와 배웅하고
달려 나와 맞아준다
그녀가 의지하는 가족은
오로지 개뿐이란다

그 집

위태로운 바람벽 위
벌거벗은 채 누웠던 서까래들
어젯밤 폭풍우에 떨어져
땅에 누워 있거나
벽에 기대 人자로 서 있다

꿈 많았던 내 친구
그의 남매들 도시로 떠난 뒤
늙은 어머니가
홀로 지키던 그 집

봄볕 따사로운 어느 날
불쑥 나타난 남매들
어디론가 그 어머니를 데려간 뒤
식구 노릇하던 길고양이들도
끝내 돌아오지 않았다

갖은 풍파 속에서도
한 집안의 안식처가 되어주던

그 집의 역사는 끝났다
그렇게 허망하게

집

스스로 짐승들은 집을 버린다
먹을 것 부족할 때
천적이 목숨을 노릴 때
살기 위해서 도망가는 것이다
자기 집과 터전에서
사람들인들 뭐가 다를까

바보꽃

내년 봄의 꽃을
성질 급한 몇몇 사과나무
반년 빨리 피웠다

꽃도 색도 안 좋고
향기도 없다

입동에 사과꽃을 보다니
핸드폰 들이대는
물색 모르는 구경꾼

말없이 꽃을 보는 주인
살짝 낯빛이 변한다

바보꽃 - 제 철보다 일찍 피는 꽃. 정상적으로 피는 꽃보다 작고 색깔도 좋지 못하며, 피어 있는 기간도 짧다. 씨앗이나 열매를 맺지 못한다.

浮浪의 노래

한평생을 떠돌았다
時空이 한껏 줄어든 세상
누군가 꿈꾸는
낭만을 즐기기 위하여
꿈과 희망을 이루기 위하여
자유롭게 살기 위하여
아니 아니다 나는
그런 사치는 꿈도 꿔 본 적 없다
메마른 흙바람 속을 떠도는
알타이의 양치기처럼
살아남기 위한 몸부림이었을 뿐
유일한 재산 몸뚱이도
환갑 진갑도 지나 늙어간다
어딘가에 터전을 세우고
물리도록 살아보는
떠도는 자들의 영원한 희망
살아서 이룰 수 있을까

인생

환갑 넘긴 사람들
이런저런 이유로 만나보면
대개 엇비슷하다

어떻게 살아왔는지
무엇을 가졌는지 누리는지
더는 중요하지 않다

한눈에 보인다
어떤 사람은 아름답게
어떤 사람은 추하게
늙어가는 것

언제나 어디서나
그렇게 마무리가 된다
인간의 삶은

한 사람

한 사람만 찬성하고
남은 모두가 반대할 때도
그가 옳을 수 있다

많은 사람이 찬성하고
단 한 사람만 반대할 때도
그들이 그를 수 있다

아무 의심도 없이
쭈글쭈글한 이성에 길들여진
즉물적 세상

모든 것의 맨 앞자리
애완견 탈 쓴 승냥이 묶이고
늘 다수는 조폭이다

농사꾼의 진리

팔순 노모가 가꾸는 텃밭
싱싱하고 풍성하다
씨를 심든 모종을 심든
틈만 나면 텃밭에 나가 계시고
절대 호미는 봐주지 않는다
아무리 어린 잡초라도
뿌리를 안 뽑으면 되살아나
결국 농사를 망친다
평생을 잡초와 전쟁하신 노모는
누차 그 무서움을 가르쳤다
농사를 잘 몰랐던 나는
어느덧 돌팔이 농사꾼이 되었고
세상 곳곳에 널린 잡초들
우리가 피눈물로 키워 놓은 것들을
말려 죽이는 것을 보았다
감히 나도 말한다
잡초는 뿌리까지 뽑아라

이팝꽃에 부쳐

때 아닌 눈보라가 흩날린다
파란 바람 부는 망월동 길
반백 년 넘은 기억 하나 떠오른다
쌀알 같은 꽃잎이 신기한 손자
이밥꽃이 풍년 드는 해는
나락농사도 풍년이 든다
한순간 활짝 피어나던 할아버지 얼굴
평생 보릿고개를 올랐을 당신은
이밥꽃 풍년의 어느 해
꿈같은 세상을 만났던 것일까
이제 이밥이 넘쳐나도
그것만으로 배부르지 않는 세상
우리가 피 흘린 곳곳
언제부턴가 시계가 고장 났는데
어중이떠중이들 포만감을 즐기고 있다
올챙이처럼 헛배를 내밀며
망월동 길가 이밥꽃 풍년이 들었다
우리 모두 배부를 그것도
오지게 풍년이 들 수 있을까

이별

난 지금이라고 했다
넌 다음이라고 했다
세상의 자로는 잴 수 없는
마음의 간격
같은 듯 다른 생각
속내에 감춘 채 마주 서고
끝내 볼 수가 없었다
자기 등 뒤를
고집 센 시간들 흐르고
미래로 가는 길은 끊어졌다
아주 훗날 되짚어가니
꿈에도 생각 못했던
미리 겪은 이별 연습이었다
지금과 다음

풍경 하나

봄이 멈춘 듯 흐르는
한물간 온천 부근

살 방앗간 옆 카페
그곳을 들렀다 온 듯한
참새 한 쌍

한껏 나른한 시간
쪽쪽 빨아대고

계산대의 여주인
늙은 무료를 즐기고 있다
로댕의 조각상처럼

어떤 휴일

閏年처럼 돌아온 사월
휴일이 아닌 휴일
아침 일찍 동사무소로 가서
여러 도둑놈들 중에서
가장 작은 도둑놈에게 卜을 주고
한걸음으로 집에 돌아와서
봄에 어울리지 않는
두꺼운 겨울옷을 벗고
미뤘던 방 청소를 시작했다
모질지 못한 천성으로
보듬고 있던 어둡고 칙칙한 것들
큰맘 먹고 내다 버렸다
버리는 것이 어렵지
버리고 나니 속이 시원하다
남은 일은 그 빈자리를
산뜻한 새것으로 채우는 것
늙어버린 꿈 다시 꾸며

곡성역

은빛 선로를 보면
두근거리는 가슴

산다는 숙명은
틈틈이 신발 끈 고치고
걷고 또 걷는 것

고통이든 기쁨이든
먼 뒷날의 몫

당장 떠나고 싶다
아무것도 따지지 않고
종착지 몰라도

연륜

흰둥이 검둥이 아롱이
편애 없이 밥 주는
팔순 어머니가 지키는 시골집엔
길고양이들이 득실거린다
고양이가 없을 땐
낡은 집이라 쥐가 많았는데
지금은 없다
어머니는 자랑하신다
고양이를 싫어하지만 나는
쥐는 더 싫어한다
쥐 잡는 것은 고양이
다만 어머니는 모르셨을 것이다
어떤 놈이 쥐를 잘 잡을지
어머니 대신 밥을 줄 때도 있는
십분 이해한다 나는
평생 살아오며 단련되었을
어머니의 정치성을

누군가의 엄마들에게

누군가의 엄마로 불리며
이름도 존재감도 없어졌을 거야
온몸을 지배하던 꿈들
당연히 거짓말처럼 사라지고
한 세월 그렇게 살았지
허나 아무리 많은 시간이 흘러도
그 꿈들은 없어지지 않아
그저 잊고 있을 뿐
매일매일 하루분의 전쟁을
숨 가쁘게 치렀던 누군가의 엄마여
당신이 잊고 있는 꿈들은
원하지 않는 미래를 바꿔 줄 나침판
그만 지겨운 전쟁을 끝내고
엄마라는 이름이 접은
화려한 그 날개를 다시 펼쳐
더 늦으면 기회가 없을지도 몰라
당신의 존재를 되찾을

표정

늘 집이 부족하다고 난리다
날마다 짓고 또 짓는데
천장 없이 집값 전세 월세 다 오르고
제 집 없는 사람들은 분노한다
그냥 일자리가 생기는 것도
무슨 꿀단지가 널린 것도 아닌데
전국 곳곳에서 사람들은
집 부족한 수도권으로 몰리고
그들이 내세운 이유는 구구절절 옳다
그들의 무지개 빛깔 꿈들은
곧 내 집으로 귀결되고
곧장 분노의 대열에 합류한다
집은 삶의 시작과 끝
政敵을 노리는 언론과 정치꾼들은
절망과 분노를 부채질하고
치솟는 집값은 바닥없는 늪처럼
세상의 모든 관심을 빨아들이고 있다
점점 愚民들이 늘어간다

'2021년 현재 전국에 백오십만여 채의 빈집이 있으며, 계속 늘어나고 있다'고 한다.

4부

물매화꽃

산비탈 오르다 보았네
하얀 꽃 몇 송이
바래가는 산 빛깔에 묻혀 있는
눈을 밝히지 않으면
지나칠 수 있는 작은 꽃

안개 속에 갇힌 내 삶
비탈진 굽이굽이
저 꽃처럼 희망은 피고 졌겠지
허둥지둥 갈팡질팡
미처 알아보지 못했을 뿐

이 산비탈을 넘어도
당연히 있을 습지와 계곡들
소원한다 나는
저 꽃들이 피어 있기를

예언

무섭다 거리에 나서면
이리저리 매의 눈알 굴리는
神眼의 청맹과니들
여기저기 셰퍼드의 귀 세우고 있는
天耳通의 귀머거리들
우글우글 바글바글
해독 불능의 소음들만 떠돌고
楚歌가 세상을 뒤덮는데
아무런 관심도 없는
오로지 굶주림만 반응하는
왁자지껄 밥집 술집 노래방으로
들개 떼처럼 몰려가는 愚衆들
즐겁다 거리에 나서면
애꿎은 하늘을 원망하고
烏騅馬를 죽이고
스스로 가슴에 칼 꽂는 항우
찬란한 멸망이 보인다

歌音山

영광에 노래하는 산이 있다
뜬소문 듣고 찾아갔더니
산은 있는데 노래를 부르지 않았다
소머리 갯벌에 널린 소금 산들
들마당에 물결치던 벼이삭들
칠산 앞바다 뒤덮은 만선의 조깃배들
그냥 배불렀던 꿈같은 그 시절
뭇 꽃들 피어나는 봄날
온갖 곡식과 과일이 익는 가을날
무시로 가음산은 노랠 불렀지
달뜬 여인네의 甘唱처럼
오래전에 그 시절은 지나갔다
촌로가 들려주는 옛이야기를 듣고
하릴없이 돌아오며 보았네
새마을의 슬레이트에 돋아난 검버섯들
똥개 한 마리도 없는 고샅들
바람벽이 무너진 빈집들
낡은 유모차 밀고 가는 노인들

TV토론

폭우 쏟아지는 늦은 밤
실수로 리모컨을 잘못 눌렀더니
정치꾼 교수 변호사
개기름 낀 이름을 붙인 자들
자리 값 몇 푼에 홀린
애써 진지한 방청객들 앞에 두고
토론이 뭔지도 모르는
결론이 보이지 않는
개소리 입씨름이 난무하는
개지랄 육갑을 떨고 있다
끝장을 본답시고
옛날 같으면 혹세무민 죄를 받고
네거리에 목이 걸릴 자들
열심히 자기를 속이고
세상을 속이고 있다
갑자기 천지를 박살내는 듯한
천둥소리가 들려온다

그들의 놀이판

어쩌면 그렇게 똑같을까
바지회장의 의례적인 인사말 뒤
학술 발표가 시작되고
발표는 건성 청취는 더 건성
구색 맞춘 토론들
일사천리로 대회는 끝나고
서둘러 예약한 식당으로 자리를 옮긴다
이산가족 상봉처럼 모여
신변잡사를 안주로 술잔들 춤추고
사자 흉내를 내는 고양이들
눈도장 찍느라고 바쁜 헤픈 해어화들
올챙이 시절을 망각한
꼬리 달린 새끼 개구리들
사람만 바뀌었을 뿐
강산이 두 번 변했는데도 똑같아
등외품들이 노는 방법은

쇠파이프

쇠파이프가 버려져 있다
골목 입구에 쌓인 쓰레기 더미 위
감긴 붕대가 땀에 절어
까맣게 되도록 휘둘렀던 손은
분노를 포기했을까
아니면 꿈을 이루었을까
무심코 묵인한 소소한 것 하나는
피땀이 이룩한 모든 것
한순간에 되돌려버릴 수 있다
쇠파이프는 꼭 필요하지
무언가를 쟁취할 때
잃어선 안 될 것들을 지킬 때
언젠지도 모르게 나는 잊어버렸다
人世 끝까지 遺傳될 상식
그 버려진 쇠파이프가 물었다
내가 필요 없는가
지금 그대가 사는 세상은

우연

새삼스럽게 본다
남원↔곡성 접경 국도
양쪽에 도열한 메타세쿼이아들
푸른 터널을 지나며

왼쪽은 선명하게 남아 있다
몇 번을 목 잘린 흔적
그들 사이의 夜叉 같은 전봇대들

문득 나는 생각한다
한순간에 우리 삶을 파괴하는
누구도 감당할 수 없는
모골 송연한 우연

고향의 겨울

모처럼 함박눈이 내린다
아이들도 강아지들도 없는 마을
高宗柿 고목 성긴 가지 끝
까치밥 몇 개 얼리며
헌 마을의 골칫거리가 된
검버섯 핀 슬레이트지붕 표백하며
외로운 눈이 내린다
금방 무너져 내릴 것 같은
암회색 하늘 아래
공동묘지처럼 모여 앉은 집들
온몸이 곱아오는 방안
치솟아 오르는 기름 값 무서워
전기장판 위 웅크리고 있는
저 혼자 신나 떠드는 TV를 벗 삼아
월동하는 노파 하나
눈 내리는 소리를 듣는다
바짝 어둔 귀를 세우고

石坡蘭을 보며

나는 불우한 그대가 부럽다
저者는 초상집 개다
이놈 저놈 손가락질해대도
그대는 껄껄 웃었어
사방에서 온몸을 조여 오는 살기
목숨은 무엇보다 중하고
당장은 살아남는 것
초상집 개만을 희롱했던 그들은
짐작이나 했을까, 그 처절을
옹색한 바위틈에 뿌리박은
가녀린 弧線의 이파리들
곧 꺾일 듯해도 끝내 꺾이지 않고
청향 내뿜는 꽃을 피웠지
진동하는 피비린내 속에서도
목숨만큼 지키고 싶었던 삶의 도리
곡절만장 그대 生을 되짚어가면
무소불위 권력자보다
불우한 그대가 더 부럽다

가을의 揷畵

바람의 노란 얼굴이 우수수 흩날리는 말바우시장 앞 노점을 지난다. 장날도 아닌데, 은행나무 밑에 박스 쪼가리 깔고 앉은, 독한 세월이 훑고 지나간 가냘픈 몸피에 펑퍼짐한 몸빼 입은 노파 하나 양재기에 미꾸라지를 담아 놓고 지나가는 사람들을 물끄러미 바라본다. 어디서 왔을까, 제대로 호객도 못하는 내 어머니 같은 저 노파는.

영월 가는 길

준령을 넘고 넘어도 도통 영월은 가까워지질 않아. 차창 밖 흐드러진 아카시아꽃에 정신 팔아도 조바심은 누그러지지 않아. 활기 가득한 산기슭에 서 있는 고사목이여. 온몸을 돌며 가지와 잎을 내던 수액이 한순간 끊기고 멈춰버린 너의 삶. 하얗게 탈골된 그리움은 퇴적한 시간에 비례하는 형벌이구나. 가고 또 가도 여전히 나는 길 위에 있고, 지친 조바심은 의자에 허리를 묻고 졸음 없는 눈을 감는다. 눈뜨면 영월에 닿아 있고 오래된 형벌도 끝날까.

송광사

어느 가지나 바람은 불어오듯이 눈길 닿는 곳마다 꽃이 피고 있다. 석류꽃들이 拈花의 微笑를 머금고 수문장처럼 대웅보전 앞에 서 있다. 관광버스를 타고 온 한 무리의 중생들은 앞 다퉈 부처 앞으로 몰려들고 오체투지를 반복한다. 청정에 들었는데, 왜 없던 욕심들까지 샘솟듯 하는 것일까. 저 부처의 웃음을 헤아리려면 얼마나 더 시간이 필요할까.

늦가을

주렁주렁 매달았던
감을 떠나보낸 늙은 감나무
이제 편안해 보인다

가뭄과 병충해 속
노심초사 감들을 키워냈던
늙은 감나무 앞
새삼 삶이 무거워진다

곧 닥쳐 올 것이다
한여름보다 더 독한 시간들

그래도 희망한다 나는
이 늙은 감나무가
새 가을에도 꽃자리마다
감을 달고 있기를

옛 노래

우연히 옛 노래 듣는다
여전히 소름 돋고
불도장 찍힌 한 시절 떠오른다
이미 완료된 시간
강산이 몇 번 변했는데도
왜 내겐 아직도 진행 중일까
누군가는 애써 잊고 살고
또 누군가는 부정하고
아이들은 역사로 배우는 시간
세상을 잘못 사는가
헛된 꿈을 꾸고 있는가
언제부턴가 버릇이 하나 생겼다
스스로에게 질문하는
아직도 분노가 솟구치는
옛 노래를 듣는다
우리 생이 가장 빛나던 한때
함께 불렀던 그 노래를

강마을

누가 살고 있을까
눈부시게 표백된 갈꽃들 위로
투망처럼 땅거미 내리는
저기 저 강마을은
쌍욕이 절로 나오는 한 세월도
강물 곁에 누워 흘러가고
평생토록 빈손인 생들
덩달아 어이구 어이쿠 발버둥질하며
떠내려가는데 아직도
보듬고 살 무엇이 남았는가
반딧불 같은 불빛들
갈수록 눈을 더 부릅뜬다
온갖 초목이 널렸어도
오로지 솔잎만 먹는 송충이처럼
누가 살고 있을까
전라선 지나는 저 강마을

윤석진 시집

산으로 가는 길

2022년 3월 10일 인쇄
2022년 3월 15일 발행

지은이 | 윤석진
펴낸이 | 강경호
인쇄 · 기획 | 도서출판 시와사람
등록 | 1994년 6월 10일 제 05-01-0155호
주소 | 광주시 동구 양림로119번길 21-1(학동)
전화 | (062)224-5319
팩스 | (062)225-5319
E-mail | jcapoet@hanmail.net

ISBN 978-89-5665-627-4 03810

값 10,000원

*잘못된 책은 바꾸어 드립니다.

공급처 ■ 한국출판협동조합
경기도 파주시 적성면 가월리 1859-9 한국출판협동조합 적성물류센터
주문전화 (02)716-5616, 070-7119-1740